Lb 96.⁴⁹

PROJÉT
D'INDEMNITÉ
DES ÉMIGRÉS.

LE DORMANT FILS, IMPRIMEUR DU ROI,
rue de Seine, n° 8, faubourg Saint-Germain.

PROJET
D'INDEMNITÉ
DES ÉMIGRÉS,
DÉPORTÉS, CONDAMNÉS,
OU DE LEURS AYANT CAUSE.

PAR M. LE BARON MALLET DE TRUMILLY,
LIEUTENANT-COLONEL D'ARTILLERIE, CHEVALIER DE SAINT-LOUIS,
MEMBRE DE LA LÉGION-D'HONNEUR, INSPECTEUR ET COMMANDEUR DE L'ORDRE
D'HOHENLOHE.

Suum cuique.

PARIS.
LE NORMANT PÈRE, LIBRAIRE,
RUE DE SEINE, N° 8.
N. PICHARD, QUAI DE CONTI, N° 5.
1824.

PROJET
D'INDEMNITÉ
DES ÉMIGRÉS.

La position respective des émigrés et des acquéreurs de biens nationaux est une plaie de l'Etat toujours ouverte ; nous allons essayer de prouver qu'il est facile de la fermer, en examinant successivement les cinq questions suivantes :

1°. L'indemnité doit-elle être accordée ?

2°. Doit-elle être entière ou partielle ?

3°. Comment cette indemnité doit-elle être évaluée ?

4°. Comment doit-elle être payée ?

5°. Doit-on offrir aux acquéreurs de biens nationaux la faculté de coopérer à cette indemnité ?

1°. *L'indemnité doit-elle être accordée ?*

Elle doit l'être, parce que la confiscation a été injuste ;

Elle doit l'être, comme consécration de l'article de la Charte qui abolit la confiscation;

Elle doit l'être pour achever d'éteindre tout ferment de division;

Elle doit l'être pour rendre à une partie de la nation, la portion de force politique inhérente à la propriété qui doit lui appartenir.

2°. *L'indemnité doit-elle être entière ou partielle ?*

Puisque la confiscation a été injuste, la loi d'indemnité est donc une loi de justice, et non une loi de grâce; l'indemnité doit donc être entière.

3°. *Comment cette indemnité doit-elle être évaluée ?*

Une formule générale doit servir à l'évaluation des indemnités partielles ; cette formule doit faire connoître la valeur totale de l'indemnité, et ce qui revient à chaque partie ; si nous prenions tout autre mode d'évaluation, nous entrerions dans un dédale de difficultés dont il seroit impossible de sortir. Il est nécessaire, pour remuer d'un seul coup de levier la grande machine de l'indemnité, d'adopter un mode uniforme qui permette d'évaluer rigoureusement d'après ce mode le montant total de l'indemnité, qui ferme le champ à toute réclamation ultérieure, et qui ne permette pas de douter que toute la somme accordée aux indemnisés leur sera versée.

Il ne suffit pas de démontrer qu'une opération est juste, utile, conséquemment nécessaire ; il est encore indispensable, pour en rendre l'exécution possible, de mettre à découvert tous les ressorts qui doivent la faire marcher, afin de convaincre les plus incrédules qu'il n'existe aucune arrière-pensée ; la confiance est le gage de la réussite.

Je pense que l'impôt doit nous servir de régulateur pour toutes les évaluations; car toutes les parties de la France, même les cadastrées, ne sont point proportionnellement imposées; mais c'est le gouvernement qui doit payer l'indemnité, l'impôt est donc nécessairement à ses yeux l'image de la valeur de la propriété. Deux impôts égaux lui représentent deux propriétés égales, et donnent une égale action politique à ceux qui les paient; l'impôt doit donc être le régulateur de la valeur de la propriété : en conséquence nous établirons que l'impôt est *censé* proportionnel sur toute la surface de la France.

Nous considérerons l'impôt comme le cinquième du revenu de toute propriété, terres, prés, vignes, bois, étangs, bruyères : ainsi 1 fr. d'impôt représente 4 francs de revenu net l'impôt payé; pour toutes les essences de biens ci-dessus dénommées, nous regarderons la valeur foncière, comme égale à trente-deux fois le revenu ou à cent vingt-huit fois l'impôt.

Cent vingt-huit fois l'impôt sera donc la valeur de toutes ces propriétés.

Nous considérerons l'impôt comme le cinquième du revenu de toute propriété, maison, ferme, usine, moulin, et généralement toute espèce de fabriques et constructions.

Ainsi 1 franc d'impôt représente 4 francs de revenu net l'impôt payé ; pour cette seconde nature de biens, nous regarderons la valeur foncière comme égale à vingt-quatre fois le revenu ou à quatre-vingt-seize fois l'impôt.

Quatre-vingt-seize fois l'impôt sera donc la valeur de toutes les propriétés de la seconde nature.

Cela posé, il nous sera facile de savoir quelle est la valeur totale de toutes les propriétés de seconde origine qui reposent sur le sol de la France.

Le percepteur de chaque commune établira le contrôle pièce par pièce de chaque propriété de seconde origine de sa commune ; il indiquera l'impôt de chaque pièce ; il fera la somme de tous ces impôts, et celle des valeurs foncières d'après la régle indiquée ci-dessus.

Les contrôleurs des impôts directs réuniront toutes ces pièces dans chaque arrondissement et les vérifieront ; ils les remettront au directeur du département qui, conjointement avec les inspecteurs, s'assurera de leur régularité ; la concentration de toutes ces pièces au ministère des finances y donnera l'expression de la valeur totale des biens de seconde origine.

Il arrivera quelquefois qu'une pièce sera composée de la réunion de plusieurs de diverses origines, patrimoniale, première origine, et seconde origine, alors le percepteur demandera au maire de la commune tous les renseignemens qui serviront à établir le gissement de la partie de seconde origine. Quand cette opération sera faite, on attribuera à cette partie, d'après son étendue, sa part relative de l'impôt de la pièce.

Si un bien a changé de nature, le contrôleur des contributions de l'arrondissement prendra le dire du maire et des notables du lieu sur la nature du bien au moment où il a été confisqué; et, en le comparant dans cet état aux biens de même espèce qui sont dans le pays, il établira en présence du maire et des notables, l'impôt qu'il paieroit actuellement.

Les biens de seconde origine qui, à l'époque de la loi d'indemnités, seront rentrés par une voie quelconque entre les mains de leurs anciens propriétaires ou ayant cause, ne seront point regardés comme biens de seconde origine; ils seront classés par les percepteurs au rang des biens patrimoniaux, et ne pourront donner lieu à aucune espèce de demandes d'indemnités, quels que soient les sacrifices faits par ceux qui les possèdent ou par leurs auteurs pour les recouvrer.

4°. *Comment cette indemnité doit-elle être payée ?*

Lorsque le montant de l'indemnité sera connu, le ministre des finances demandera aux Chambres un crédit égal à cette somme.

Les émigrés ou leurs ayant cause se présenteront au tribunal de leur arrondissement, et prouveront qu'ils seroient propriétaires, sans la confiscation, de telle ou telle partie de biens. Aussitôt que cette preuve sera faite, le président leur délivrera un bon pour toucher au trésor royal une *inscription provisoire* d'une valeur égale, suivant la nature de leurs biens, à cent vingt-huit fois ou à quatre-vingt-seize fois l'impôt de la partie dont ils ont prouvé qu'ils seroient propriétaires, sans la confiscation. Cette inscription rapportera le même intérêt que celles des autres créanciers de la dette publique. Au bout de deux ans, il leur sera délivré une autre inscription de même forme que celles des créanciers de la dette publique. Pendant ces deux ans, les créanciers des émigrés pourront se présenter pour réclamer leurs créances; ils n'auront droit qu'au capital, puisque l'émigré n'a pas perçu de fruits.

Un légataire universel d'un émigré décédé n'aura droit à toucher le montant de l'indemnité qu'autant que le testament aura fait donation expresse des biens échus ou à échoir : sans cette clause formelle, l'indemnité appartiendra aux ayant cause de l'émigré ; à leur défaut, elle restera à l'Etat.

Les émigrés dont les rentes sur le grand livre ont été confisquées, recevront du jour de la publication de la loi d'indemnités, une inscription du tiers des rentes dont ils jouissoient ; car la Charte dit formellement que les biens non vendus seront rendus : or, les rentes des émigrés n'ont point été vendues, le transfert n'en a été fait à personne, elles sont encore dans leurs formes primordiales ; on auroit donc dû les rendre aux émigrés depuis le 3 mai 1814, jour de la publication de la Charte, en les réduisant au tiers comme celles de tous les autres Français. Si on ne peut pas les faire jouir des arrérages qui leur sont dus depuis le 3 mai 1814, on doit au moins leur rendre leurs rentes réduites au tiers dont l'Etat est le détenteur, contre le vœu de la Charte.

Quel que soit le projet d'indemnités qui sera mis à exécution, il doit nécessairement renfermer la restitution des rentes confisquées par l'Etat; la demande en a été faite à toutes les législatures depuis la restauration. Les circonstances se sont opposées à ce qu'elle fût accordée; mais on est si convaincu de sa justice, qu'elle se reproduit à chaque session. Comment concevoir en effet que la légitimité puisse continuer d'imposer à ses serviteurs la punition qui leur a été infligée par les gouvernemens révolutionnaires et par l'usurpation? Le gouvernement a sans doute deux buts en proposant la loi d'indemnités : rendre la justice qui est due, et relever la valeur des biens nationaux. Si le gouvernement ne songeoit pas à restituer les rentes confisquées aux émigrés, on seroit disposé à croire qu'il ne s'occupe seulement que de relever, dans son intérêt, la valeur des biens nationaux, puisqu'il négligeroit la restitution de la dette qu'il importe le plus à sa justice de payer. Il se mettroit dans la position d'un homme qui solderoit tous les créanciers de ses parens, et qui négligeroit de payer les siens propres. Les rentes confisquées sont entièrement la dette directe du gouvernement; l'indemnité qui sera votée pour les biens nationaux n'est qu'en partie la dette de l'Etat, seulement pour les foibles valeurs qu'il a reçues; l'autre partie de l'indemnité doit être considérée comme concédée au désir paternel du souverain de maintenir à tout jamais l'harmonie sociale; au besoin financier, de rendre les mutations plus faciles et plus fréquentes, et d'accroître le produit de chacune de ces mutations en augmentant la valeur des biens nationaux. Plusieurs émigrés, anciens propriétaires, ont perçu de leurs acquéreurs quelques secours, foibles il est vrai, ou en numéraire ou autrement; les émigrés rentiers de l'Etat n'en ont rien reçu depuis trente-quatre ans : cette punition n'est-elle pas assez longue ?

Pour que la loi d'indemnités soit complète et satisfasse toutes les consciences, c'est ici le lieu d'indiquer sommairement qu'il faut faire marcher avec cette loi celle de la dotation graduelle, successive, individuelle, du clergé; les individus dotés cesseront d'être salariés aussitôt qu'ils entreront en jouissance de la dotation, ce qui prescrit de délivrer des dotations complètes, afin que le même individu ne soit point à la fois en partie doté et en partie salarié.

La dotation du clergé sera faite entièrement en propriétés, et non en rentes; la valeur de la dotation de chaque individu sera exprimée en quantité de productions, et non en argent. Le gouvernement achètera indifféremment, pour la dotation du clergé, des biens patrimoniaux, des biens de première origine, ou des biens de seconde origine; tous ces biens auront alors la même valeur.

5°. *Doit-on offrir aux acquéreurs de biens nationaux la faculté de coopérer à cette indemnité?*

On seroit en opposition avec la Charte, si on imposoit une obligation particulière quelconque aux acquéreurs de biens nationaux; il faut seulement leur laisser la faculté de contribuer volontairement à l'indemnité, s'ils le jugent convenable.

Nous ne mettons certainement pas dans la

même catégorie les biens de première origine et ceux de seconde origine ; ils ont, il est vrai, le titre commun de biens nationaux ; ils ont une source commune, la confiscation, mais il y a une grande différence dans leurs valeurs : cette différence est l'expression véridique de l'opinion générale.

De quelque manière qu'on possède ces biens de première ou de seconde origine, peu importe qu'ils aient passé par plusieurs mains ou qu'ils soient encore dans celles du premier acquéreur, qu'ils aient été payés à peu près leur valeur ou qu'on les ait acquis pour peu de chose, qu'on ait été forcé de les recevoir en paiement ou de l'Etat ou de particuliers, ce n'est pas là la question ; ils sont biens de première origine ou biens de seconde origine ; c'est sous un de ces deux rapports qu'ils entrent dans la circulation. Jetons donc un coup d'œil sur l'appréciation générale de ces biens et sur leurs facultés.

Les biens du clergé, dits de première origine, s'écartent peu de la valeur des biens patrimoniaux dans beaucoup de ventes ; mais dans beaucoup aussi ils s'en écartent d'une manière assez marquante ; toutes les fois, par exemple, que le bien de première origine à vendre n'est entouré que de propriétaires de biens patrimoniaux, et qui tiennent encore à ne point acquérir de biens nationaux; il suffit même qu'une partie des propriétaires voisins n'entre pas dans le concours des acquéreurs, pour jeter une influence défavorable sur le prix de la vente. Ces biens, du reste, s'emploient facilement comme hypothèques; ils ont cependant encore un peu moins d'action sous ce rapport, ayant moins de valeur que les biens patrimoniaux, puisqu'ils trouvent moins d'acquéreurs. En disant que ces biens valent 12 pour 100, 16 pour 100, 20 pour 100 de moins que les biens patrimoniaux, suivant les circonstances et les localités, nous serons, je crois, très-près de la vérité; ainsi, pour fixer les idées, nous établissons moyennement à 16 pour 100 la perte des biens de première origine.

Les biens de seconde origine servent rarement d'hypothèques, seulement pour de foibles valeurs; la vente s'en opère difficilement; suivant les circonstances et les localités, ils perdent 30, 40, 50, et même 60 pour 100; la perte moyenne de ces biens peut donc être évaluée de 40 à 45 pour 100.

La loi d'indemnités n'aura complètement

atteint son but, que lorsqu'elle aura élevé les biens nationaux au niveau des biens patrimoniaux. Cet effet si désiré ne sera produit que si les acquéreurs sont les principaux agens de l'indemnité; nul doute qu'ils n'en soient eux-mêmes convaincus, et que la grande majorité, qui pense judicieusement, ne souhaite vivement prendre part à l'opération.

Si cependant on vouloit les y contraindre, on agiroit contre le vœu de la Charte; il faut donc leur donner la faculté d'y concourir, sans leur en imposer l'obligation.

Si nous parvenons à leur rendre facile cette coopération, si nous leur démontrons qu'elle est dans leur intérêt, la grande majorité se présentera avec d'autant plus d'empressement que chacun jouira intérieurement du mérite d'agir librement; la minorité, qui se sera d'abord tenue à l'écart, diminuera tous les jours, et sa position deviendra tellement fausse, qu'elle finira par suivre le mouvement général.

La Charte assure aux acquéreurs des biens nationaux la jouissance entière des propriétés acquises par eux; mais son immortel auteur n'a pas voulu cependant faire plus en leur faveur que les gouvernemens révolutionnaires, et que le gouvernement de Buonaparte; sous ces gouvernemens, leurs biens portoient sur toutes les affiches le titre collectif de *bien national*, ou les titres particuliers de *bien de première origine*, ou *bien de seconde origine*; en conséquence, la loi d'indemnités déclareroit que les acquéreurs qui contribueront à l'indemnité auront le droit de donner à leurs biens le titre de *bien patrimonial*, et que ceux qui n'y contribueront pas, continueront à accompagner l'énonciation publique de leurs biens d'un des titres suivans : *bien de première origine, bien de seconde origine.* La contribution seroit donc volontaire, et ainsi fixée :

Tout bien de première origine ou de seconde origine seroit évalué à cent vingt-huit fois l'impôt pour terres, prés, bois, vignes, étangs, bruyères, et à quatre-vingt-seize fois l'impôt pour les maisons, usines, moulins, et généralement toutes espèces de fabriques ou constructions.

Les acquéreurs qui voudront faire patrimonialiser leurs biens le pourront aux conditions suivantes :

Le propriétaire de biens de première origine, qui fera sa soumission pour payer un demi pour 100 par an de la valeur capitale de son bien pendant sept ans, et qui fera cette soumission dans les deux ans après la promulgation de la loi d'indemnités, recevra, en signant son obligation, son titre de patrimonialisation.

Il jouira d'une prime d'un demi pour 100, et ne paiera en conséquence que 3 pour 100, s'il consent à payer ces 3 pour 100 en faisant sa soumission.

S'il ne fait pas sa soumission dans les deux ans après la promulgation de la loi d'indemnités, il ne pourra être admis à jouir de cette faveur qu'en payant en six ans 6 pour 100 en six paiemens égaux, de 1 pour 100 chacun, le premier le jour de la soumission.

Les propriétaires de capitaux au-dessous de 1000 fr., seront admis à payer de mois en mois avec leurs impositions, ce qui rendra le paiement insensible.

Les propriétaires de biens de seconde origine, qui feront leur soumission pour payer 1 pour 100, pendant sept ans, de la valeur capitale de leurs biens, et qui feront cette soumission dans les deux ans après la promulgation de la loi d'indemnités, recevront, en signant leur obligation, leur titre de patrimonialisation.

Ils jouiront d'une prime de 1 pour 100, et

ne paieront que 6 pour 100, s'ils consentent à les payer, en faisant leur soumission.

S'ils ne font pas leur soumission dans les deux ans après la promulgation de la loi d'indemnités, ils ne pourront être admis à jouir de cette faveur qu'en payant 12 pour 100, en douze paiemens égaux, d'année en année, chacun de 1 pour 100, le premier le jour de la soumission.

Les propriétaires de capitaux au-dessous de 1000 fr. seront admis à payer de mois en mois avec leurs contributions.

Chaque année, le ministre des finances rendra compte aux Chambres, du produit des patrimonialisations ; ce produit sera versé à la caisse d'amortissement.

Je pense que la somme totale de ces produits s'éloignera peu du prix de l'indemnité, de manière qu'elle pourra servir à le rembourser à l'Etat, qui en aura fait l'avance.

Si cette somme n'atteint pas le prix des indemnités, du moins elle soulagera d'autant les contribuables.

Si elle excède le montant des indemnités, l'excédant seroit convenablement employé à contribuer à la dotation du clergé, que nous avons indiquée ci-dessus, comme devant être immédiatement commencée.

L'acquéreur d'un bien de seconde origine aura le choix, ou de conserver son bien, ou de le remettre à l'émigré, en recevant à sa place l'indemnité, mais diminuée de 6 pour 100 qu'il ne seroit pas naturel de faire payer à l'émigré rentrant dans sa propriété.

L'acquéreur d'un bien de seconde origine pourra donc se dire en conservant son bien : Si j'avois voulu, j'en aurois reçu la valeur ; avec ce prix j'aurois pu acheter un bien patrimonial, celui que je conserve représente donc un bien patrimonial ; il l'est donc aussi, puisqu'il a contribué à l'œuvre de l'indemnité.

L'acquéreur de première origine se dira : J'ai contribué à compléter le système d'indemnité, il n'y a plus de mécontens, ma propriété est donc enfin mise au rang des biens patrimoniaux.

Remarquons que pour 3 pour 100, l'acquéreur de première origine a la faculté d'élever sa propriété au rang des biens patrimoniaux.

Remarquons que pour 6 pour 100, l'acquéreur des biens de seconde origine a la faculté d'élever sa propriété au rang des biens patrimoniaux.

Si l'acquéreur d'un bien de seconde origine a transigé avec l'ancien propriétaire, et que la somme qu'il lui a donnée, ait surpassé ou atteint la valeur des 6 pour 100, cet acquéreur recevra son titre de bien patrimonial, sans avoir rien à débourser; s'il n'a pas donné les 6 pour 100, il ne sera tenu qu'à les compléter; bien entendu que l'ancien propriétaire ne recevra l'indemnité que diminuée de tout ce qu'il aura reçu.

Cette opération est donc tellement dans l'intérêt des acquéreurs, qu'il me semble hors de doute que la grande majorité ne s'empressera de se présenter; plus la minorité de ceux qui hésiteront sera foible, et elle le deviendra tous les jours davantage, plus leur position sera fausse, plus leurs propriétés seront dépréciées : il faudra donc qu'ils accourent. Ne les plaignons pas, puisqu'ils seront dans l'obligation de se faire du bien à eux-mêmes.

Les employés du gouvernement qui sont acquéreurs, sentiront qu'ils ne peuvent se dispenser de donner l'exemple ; ils poseront la planche, ensuite tout le monde passera.

Cherchons par aperçu quel peut être le rapport de la somme des 3 pour 100 des biens de première origine, comparée à celle des 6 pour 100 des biens de seconde origine.

Lors de la confiscation, la masse des biens du clergé étoit beaucoup plus considérable que celle des biens d'émigrés. Supposons que ces deux masses fussent entr'elles comme huit est à un ; je crois que cette proportion a été indiquée dans un rapport fait à une des Chambres délibérantes de la révolution ; peu de temps après, on a fait la remarque que la modicité du prix des biens nationaux avoit donné aux familles d'émigrés la faculté d'en racheter beaucoup, et que sensiblement la moitié l'avoit été, ou par leurs parens, ou par des fondés de pouvoirs agissant dans leurs intérêts ; alors la masse des biens confisqués aux émigrés ne devoit plus former que le seizième de la masse des biens du clergé ; depuis, Buonaparte a rendu plusieurs biens non vendus, et particulièrement de très-grandes parties de bois à ceux qui ont consenti à s'unir à son système, ou à ceux qu'il a voulu y rattacher ; enfin la restauration a rendu tous les immeubles qui n'étoient pas encore vendus ; au nombre de ces immeubles se sont trouvés des biens d'une grande valeur, restitués à S. A. R. Mgr le duc d'Orléans, et à S. A. R. Mgr le prince de Condé.

Toutes ces restitutions ont diminué d'autant la masse des biens des émigrés à rembourser, et je crois qu'on ne s'écarteroit pas beaucoup de la vérité, en établissant que cette masse a été encore réduite de moitié, et n'est conséquemment plus que la trente-deuxième partie de la masse des biens du clergé; ainsi, les 3 pour 100 de la masse des biens du clergé rembourseroient 96 pour 100 de la masse des biens des émigrés, les 6 pour 100 payés par les acquéreurs de biens de seconde origine compléteroient et au-delà la somme nécessaire au remboursement des émigrés.

Si toutes ces suppositions sont vraies, chacune séparément, ou dans leur ensemble, en se compensant, il est clair que les acquéreurs de biens nationaux pourront être regardés comme les seuls instrumens du remboursement des émigrés; seuls ils auront fermé la plaie de l'Etat. Il n'y aura plus de raison plausible pour établir aucune différence entre leurs biens et les biens patrimoniaux; ils auront la même valeur et seront propres aux mêmes usages; ils auront alors véritablement reçu de droit comme de fait le baptême de la patrimonialisation.

Si, ce qui est possible, la cotisation des acquéreurs surpassoit l'indemnité, l'excédant iroit naturellement grossir la somme votée annuellement pour la dotation du clergé.

Si la cotisation des acquéreurs ne couvroit pas entièrement le remboursement de l'indemnité, le gouvernement seroit intervenu pour la donner complète et entière; il auroit joué le rôle qui lui appartient, celui du père de famille qui, pour accorder ses enfans, rendre entre eux une transaction possible, se dégarnit de quelques soultes; d'ailleurs, il en seroit bientôt amplement dédommagé, non seulement par l'affermissement de l'harmonie sociale, mais encore parce qu'il recouvreroit ses avances en peu d'années, car tous les biens étant devenus patrimoniaux, les droits de mutation seroient plus fréquens et plus élevés; de manière qu'en résultat cette opération finiroit par alléger les charges des contribuables, bien loin de les aggraver.

L'exécution de ce système produiroit les effets suivans:

1°. Elle indemniseroit les émigrés;

2°. Elle paieroit les créanciers des émigrés;

3°. Elle effaceroit la ligne de démarcation qui existe entre les diverses espèces de biens, et loin d'être à charge aux acquéreurs, elle augmenteroit leur aisance;

4°. Elle accroîtroit les ressources du gouvernement;

5°. Elle consolideroit à jamais la paix publique.

Terminons cet exposé par quelques observations sur le paiement des créanciers des émigrés.

L'Etat a payé quelques dettes des émigrés, vers l'époque de la confiscation. Il est juste que ces sommes soient déduites de l'indemnité à accorder : ainsi la retenue sera faite à chaque partie des sommes qui auront été payées pour elle; cette retenue diminuera encore sensiblement le montant de l'indemnité à payer par l'Etat.

C'est ici le lieu de remarquer que le montant de l'indemnité a été successivement diminué :

1°. De la valeur des biens rachetés par les familles, ou par les fondés de pouvoir, vers l'époque de la confiscation;

2°. Du prix des dettes des émigrés, payé par le gouvernement;

3°. Du prix des biens rendus par Buonaparte;

4°. Du prix des biens restitués depuis la restauration ; des propriétés d'une grande valeur font partie de cette restitution ;

5°. Du prix de quelques biens rachetés depuis la restauration par leurs anciens propriétaires.

6°. Si un émigré est mort, sans laisser d'héritiers, l'indemnité qui lui seroit revenue ne sera pas payée ; elle restera au gouvernement, à moins qu'il ne se présente des créanciers pourvus de titres légaux.

Toutes ces données mettent sur la voie pour affirmer avec quelque certitude, que la masse des biens à rembourser est beaucoup moindre qu'on ne le croit généralement.

Ce seroit une grande erreur, que de supposer aux biens à rembourser, une valeur beaucoup plus élevée que leur valeur réelle ; cette erreur pourroit empêcher l'exécution de la mesure la plus nécessaire au bonheur de la France.

Comme nous l'avons dit plus haut, les créanciers n'auront droit à aucune espèce d'intérêt, puisque les émigrés n'ont perçu aucun fruit depuis l'époque de la confiscation jusqu'à celle de l'indemnité.

La somme entière de l'indemnité doit-elle

être délivrée aux créanciers d'un émigré, si leurs créances atteignent ou surpassent la valeur de cette indemnité ? Je ne le pense pas :

1°. Parce que l'émigré ayant été privé, pendant plus de trente ans, de tous ses revenus, n'a pas eu la faculté de faire des économies qui auroient pu amortir une partie de ses dettes;

2°. Parce que l'émigré, ayant été victime d'une loi reconnue injuste, doit être traité avec égards;

3°. Parce qu'en saine politique, il ne faut laisser aucun individu dans un dénûment absolu, et qu'il est juste et bien que tout le monde puisse vivre.

Il est reconnu que les petits propriétaires sont plus rarement endettés que les grands, et parce qu'ils ont moins de crédit, et parce qu'ils sont contraints à une économie habituelle, commandée par la foiblesse de leurs moyens; il est donc probable que la plus forte masse des créanciers n'aura d'intérêts à démêler qu'avec les grands propriétaires. Il me semble juste de faire la part des créanciers d'autant plus forte à proportion que le prix de l'indemnité à percevoir sera plus élevé.

Je propose donc de dresser un tableau qui

servira à établir les droits des créanciers ; je crois qu'il seroit convenable de lui donner la forme indiquée dans celui qui est ci-joint.

J'ai proposé de donner d'abord des inscriptions provisoires aux émigrés de la valeur de l'indemnité qui leur revient, et de ne leur en donner de définitives, susceptibles d'éprouver un transfert, qu'au bout de deux ans, afin de donner aux créanciers le temps de se présenter utilement.

La loi d'indemnité autoriseroit les tuteurs à patrimonialiser les biens de leurs mineurs ; cette autorisation seroit conforme aux obligations des tuteurs, puisqu'elle a pour résultat d'améliorer.

Le projet que nous présentons ne paie rigoureusement l'indemnité entière que dans le cas où l'impôt du bien que possédoit l'émigré est le cinquième du revenu, et où le revenu est la trente-deuxième partie du capital pour les terres, bois, prés, etc., ou la vingt-quatrième partie du capital, pour les maisons, fermes, constructions, etc.

Si, dans un cas particulier, l'impôt est moindre que le cinquième du revenu, si la valeur capitale se monte à plus de trente-deux ou vingt-quatre fois le revenu, il est clair que l'émigré ne recevra qu'une indemnité inférieure à la valeur réelle de son bien; si au contraire, l'impôt est plus fort que le cinquième du revenu, si la valeur capitale n'atteint pas trente-deux ou vingt-quatre fois le revenu; l'émigré recevra une indemnité supérieure à la valeur de son bien. Ce second cas arrivera moins souvent que le premier, en sorte qu'en résultat, la valeur de l'indemnité se trouvera au-dessous de celle de la propriété ; mais il est de toute nécessité d'établir une règle commune; il est impossible de faire une loi particulière pour chaque individu : il faut surtout se donner de garde de présenter un mode d'évaluation qui élève trop haut la masse de l'indemnité, ce seroit lui enlever des suffrages. On a dû rechercher avec soin toutes les conditions qui pouvoient lever les obstacles à l'adoption du projet, rendre son exécution aisée, et procurer aux acquéreurs la faculté d'y coopérer, en leur ouvrant une voie facile pour entrer dans l'opération, en leur démontrant que leur intérêt bien entendu leur prescrit d'y prendre part; on a cherché à rendre tellement claire la marche successive de toutes les opérations partielles que chacun, acquéreur ou émigré, sera certain que les fonds payés ou perçus, auroient atteint leur destination.

Si ce projet paroissoit admissible, et que cependant on jugeât convenable d'adopter quelques modifications aux rapports que j'ai établis, on le pourroit; je n'ai présenté qu'une formule; j'aurois au moins à me féliciter d'avoir mis sur la trace, pour l'exécution d'une mesure qui seroit si utile à tous, si équitable envers l'honneur malheureux, si glorieuse pour le règne du monarque chéri, dont la présence seule excite l'enthousiasme, réunit tous les partis, en attirant à lui tous les cœurs, et rend facile tout ce qui est juste.

FIN.

NOTE.

L'observation suivante m'a été faite de diverses manières, après la lecture de ce projet :

« Votre projet est impolitique, on ne connoît pas deux » espèces de biens en France, il est contraire à la » Charte. »

J'ai répondu :

Les acquéreurs des biens nationaux jouissent avec sécurité de toutes leurs propriétés, elles sont légitimes puisque la loi de l'Etat les reconnoît comme telles ; mais lors de la vente de ces propriétés, lorsqu'il est question d'un emprunt marquant, ces propriétés sont inférieures en prix aux propriétés patrimoniales, et n'offrent pas un gage pareil aux prêteurs de fonds ; les acquéreurs ont des droits politiques égaux à ceux des propriétaires des biens patrimoniaux, s'ils paient la même masse d'impositions ; mais les droits de mutation des biens nationaux sont moins fréquens et moins élevés. L'Etat et les acquéreurs doivent donc désirer également de voir cesser cette situation incommode et ambiguë d'une partie des contribuables ; l'Etat fait d'abord tout ce que lui prescrivent la justice et le sentiment de sa dignité, en votant l'indemnité sans rien demander aux acquéreurs ; mais cette opération, faite sans leur concours, élevera-t-elle la valeur de leurs biens au niveau des biens patrimoniaux ? Je ne le pense pas, en effet : l'indemnité est un acte de justice ; mais si, à l'aide des sages mesures financières du gouvernement, cet acte n'élève pas les impositions, il est bien certain qu'il empêchera long-temps de les dégrever, ce qui eût été possible sans l'indemnité avec les fonds qui lui seront consacrés ; comment pourroit-il donc en résulter une disposition de bienveillance subite et générale en faveur des biens nationaux : il est de principe qu'il faut semer pour recueillir ; si les acquéreurs ne donnent rien, la valeur de leurs biens ne recevra aucune influence de la loi d'indemnités.

Cependant ce seroit pécher contre notre loi fondamentale, que d'imposer une obligation quelconque aux acquéreurs ; mais on seroit aussi coupable envers eux, si on négligeoit de leur offrir un moyen facile de servir leurs intérêts les plus chers, moyen qui, en tournant au profit de l'Etat, leur seroit encore plus utile à eux-mêmes : ce moyen est purement facultatif, il laisse leurs biens dans la même situation où la Charte les a trouvés, dans la même situation où ils sont depuis la concession de la Charte. Cette faculté qu'on leur offre de faire patrimonialiser leurs biens n'est point une charge, mais un bienfait. Ils sont libres de ne pas l'accepter ; s'ils l'acceptent ils gagneront beaucoup plus qu'ils n'auront donné : il n'y a rien là de contraire à la Charte ; s'ils s'abstiennent de prendre part à l'opération, ils n'en auront pas moins le même revenu, ils ne paieront pas plus d'impôts. Il est bien clair que l'esprit de parti qui n'est pas encore entièrement éteint, empêchera plusieurs de se présenter, surtout parmi ceux qui n'ont pour le moment aucune raison pour vendre ou pour emprunter ; mais beaucoup aussi se présenteront, et comme l'intérêt finit toujours par régir tous les propriétaires pris isolément, à mesure que chacun des retardataires éprouvera le besoin de vendre, il se présentera, parce que la vente de son immeuble s'élèvera de plusieurs fois la somme qu'il aura donnée. Que peut-il donc y avoir de contraire à la Charte dans une mesure qui n'attaque aucun droit, qui seulement donne la faculté d'améliorer sa fortune d'une valeur bien supérieure à celle qu'on viendra offrir librement quand on voudra? D'ailleurs cette mesure aura pour résultat de rembourser en quelques années l'indemnité de l'Etat, conséquemment de lui donner la faculté de dégrever graduellement d'autant les contribuables, opération qui, en couronnant l'œuvre, sera le gage certain du nivellement de toutes les propriétés.

Formule générale de l'indemnité.

a étant l'impôt,

n le nombre de fois que l'impôt est contenu dans le revenu total,

$n\,a$ représente le revenu total,

$n\,a-a$ représente le revenu net.

m représentant le nombre de fois que le revenu net est contenu dans le capital,

i, l'expression générale du capital ou de l'indemnité, sera :

$$m(an - a) = i.$$

Valeur des capitaux d'après les données du projet
$\begin{cases} 32\,(1.5 - 1) = i = 128 \text{ productions.} \\ 24\,(1.5 - 1) = i = 96 \text{ constructions.} \end{cases}$ fois l'impôt

On peut, à la place des quantités n, m, mettre telles valeurs que l'on voudra, lorsque la discussion aura fixé ces valeurs.

Tableau qui indique le partage de l'indemnité entre un émigré et ses créanciers, lorsque le montant de leurs créances excède ou atteint la valeur de l'indemnité.

Partie réservée à l'émigré.	Montant de l'indemnité.
La moitié.	10,000 fr. et au-dessous.
Le tiers, ou ce qu'il auroit droit de conserver s'il n'avoit que 10,000 fr. d'indemnité.	10,000 à 25,000.
Le quart, ou ce qu'il auroit droit de conserver s'il n'avoit que 25,000 fr. d'indemnité.	25,000 à 50,000.
Le cinquième, ou ce qu'il auroit droit de conserver s'il n'avoit que 50,000 fr. d'indemnité.	50,000 à 100,000.
Le sixième, ou ce qu'il auroit droit de conserver s'il n'avoit que 100,000 fr. d'indemnité.	100,000 à 200,000.
Le septième, ou ce qu'il auroit droit de conserver s'il n'avoit que 200,000 fr. d'indemnité.	200,000 à 400,000.
Le huitième, ou ce qu'il auroit droit de conserver s'il n'avoit que 400,000 fr. d'indemnité.	400,000 à 800,000.
Le neuvième, ou ce qu'il auroit droit de conserver s'il n'avoit que 800,000 fr. d'indemnité.	800,000 à 1,200,000.
Le dixième, ou ce qu'il auroit droit de conserver s'il n'avoit que 1,200,000 fr. d'indemnité.	1,200,000 et au-dessus.